DIEZ SONETOS OCULTOS

COLECCIÓN ESPEJO DE PACIENCIA

EDICIONES UNIVERSAL, Miami, Florida, 2000

ÁNGEL CUADRA

DIEZ SONETOS OCULTOS

EDICIONES UNIVERSAL

Primera edición, 2000

EDICIONES UNIVERSAL
P.O. Box 450353 (Shenandoah Station)
Miami, FL 33245-0353. USA
Tel: (305) 642-3234   Fax: (305) 642-7978
e-mail: ediciones@kampung.net
http://www.ediciones.com

I.S.B.N.: 0-89729-917-5

Composición de textos: María C. Salvat Olson
Diseño de la cubierta: Salvador E. Subirá Turró

ÍNDICE

PREÁMBULO

(Este florilegio de diez magistrales composiciones de catorce versos intitulado «Sonetos Ocultos», nacido de la inspiración del poeta Ángel Cuadra, convoca a la reflexión.

El tema del amor, asunto más que obligado en la Corona de las Artes, aparece en estas diez joyas con tan coordinada y hermosa expresividad, que el uso del lenguaje poético alcanza su más legítima excelsitud.

El verdadero amor, el que por vocación coloca a los amantes en justa correspondencia; el que es capaz, por preservarse, de llegar hasta el sacrificio de la renuncia, se muestra en esta agrupada decena literaria, en toda su sensitiva profusión.

Versos completados, logro de la idea central, llevada con las precisas palabras que, como nervios impulsores, conducen a la amorosa realidad. Bella producción la de este certero comunicador; mensaje en el que se avala la pureza del sentimiento por sobre la apetencia del humano egoísmo.

11

Poemas hechos como la secreta y única confidencia entre el autor y sus manuscritos, desde hacía algún tiempo estaban destinados a quedar, dentro de un sobre o un archivo, ocultos: de ahí su título.

Temí que este hermoso poemario se hundiera en el vacío de lo inédito. Y con la autoridad que me otorga mi filial amistad con su autor, le convencí para que lo hiciera público. Con modestia accedió a mi razonable petición... Y he aquí la tan lograda obra del espíritu).

Carlos Casanova Cancio

DIEZ

SONETOS

OCULTOS

I

Y trazará tu mano en el abismo
los signos del amor con letras de humo;
vivo silencio que habla, y que resumo
en diálogo interior conmigo mismo.

Asomará en tu rostro el espejismo
de un beso de ternura que presumo
en demorada oferta, y que consumo
en la pura estación del idealismo.

Será tu encuentro siempre el que consiga
el testimonio de tu mano amiga
con un gesto exterior breve y risueño.

Así tu amor se va quedando intacto
y, en la imposible realidad del acto,
se hace posible realidad del sueño.

II

Contigo vino la ilusión postrera.
Ya mis tiempos de amar habían llegado
a un punto de resumen: transitado
el camino, distante, sin espera.

Equilibrio de música; todo era
la voz baja del agua, el acallado
eco de historia en fuga hacia el pasado:
un lejano rumor de primavera.

Pero vino el amor, vino contigo.
Su duende de belleza en mi postigo
llamó importuno reclamando afuera.

Y eché a andar de improviso la aventura
en aquel sobresalto de hermosura,
como si fuese la ilusión primera.

Reflejada en el agua tu hermosura,
quedó la tarde aquella detenida
en un claro recodo de la vida
desasido del tiempo y su premura.

Obligada a seguir, la vida apura
su trago diario en la fatal huida.
Caen hojas de otoño, y repetida
tu imagen sobre el agua se inaugura.

Muero como se muere diariamente.
Olvido llueve sobre lo olvidado
y todo deja ya de estar presente.

Pero en un tiempo inmóvil, que perdura
en un lago interior, se me ha quedado
reflejada en el agua tu hermosura.

IV

Calladamente vas en mí viviendo,
también vivo yo en ti calladamente.
Y mutuamente, siempre mutuamente,
por amor nos estamos rehuyendo.

Y, por amor, estamos recurriendo
a un pretexto casual, frecuentemente,
para encontrarnos, no tan casualmente
sino en complicidades reincidiendo.

Qué respetado amor, qué amor no siendo
más que una pública amistad presente,
en su ilegal presencia persistiendo.

Y así seguimos cotidianamente,
como en delito puro y fiel, viviendo
tú en mí, yo en ti, pero calladamente.

Por inquietudes ando perseguido;
entre inquietudes voy perennemente.
Inquietudes del pecho y de la frente
que de la vida toman su sentido.

En inquietudes por lo que no he sido
y pude ser, ante el encargo urgente
que, olvidado de mí —gozo doliente—,
como a deber o sueño voy uncido.

Inquietudes sin tregua que me has dado
en tus afanes, vida que me niegas
espacios que a mi tiempo le has robado.

Y tú, amor a destiempo, ahora llegas
y mi desasosiego has aumentado
con la dulce inquietud que tú le agregas.

VI

Amiga, en ti anochece la mañana.
Desde ti doy a todo otro sentido.
Por tu recuerdo inclino hacia el olvido
todo lo que hay en mí de historia vana.

Hay un árbol de estruendo, una campana
vuelta al silencio, un caracol traído...
todo te anuncia. Y, aunque no has venido,
estás entre la niebla cotidiana.

Yo te invento columnas, pedestales
de mármol transparente; contribuyo
a armonizarte asuntos desiguales.

Y, entre tu irrealidad y mis destellos
de irracional verdad que te atribuyo,
amanece la tarde en tus cabellos.

VII

Eres lo más cercano de la estrella.
La lejanía viene de tu mano
en el saludo inédito y arcano
de un contacto de ausencias. Tu voz bella

deja en el aire como audible huella
de un fantasma real. Breve el verano
de tu sonrisa cálida que, en vano,
intenté retener la noche aquella

en el instante intemporal del beso
sin lugar, que dejó de ser instante
y en la fuga del tiempo rodó ileso

hacia donde, a pesar de mi querella
entre lo irreal presente y lo distante,
eres lo más cercano de la estrella.

VIII

En escala inaudible acompasado
va el leve cuento de este amor discreto.
Cuento sin voz que su cantar secreto
es sólo por nosotros escuchado.

Va aquí conmigo, anda allí a tu lado:
ser inasible y, a la vez, concreto.
Sin tiempo ni lugar se alza, incompleto,
árbol sin tierra donde estar plantado.

Desasido del mundo en dos abismos
—tú y yo, cómplices mudos de su historia
callada, oculta hasta en nosotros mismos—,

este cuento de amor irá en secreto,
a resguardo de tiempo y de memoria,
en el cofre sellado del soneto.

IX

Diré que has sido doblemente hermosa
(amor hurtado al mundo, clandestino
sin serlo: cómplice eres, por destino),
a la vez respetable y voluptuosa.

Diré que eras el gesto de una rosa
de humo palpable puesta en mi camino,
que, por designio de tu nombre, vino
a sembrarse en el agua luminosa.

Diré que nos distancian cosas, tantas,
como barreras de ética inmutable,
en que te escudas, pero te levantas.

Y en la estrofa final, la última cosa
que confiese en tu nombre inconfesable,
será que fuiste ilegalmente hermosa.

Hace falta, al final, que sigas siendo
así: sed que sin agua se mitiga.
Que la virtud de tu equilibrio siga
nuestro reto de ensueño presidiendo.

Que lo que de uno al otro está fluyendo,
en su insaciado renacer prosiga.
Y así hace falta que tu mano amiga
en ser amiga siga persistiendo.

Que el pecado de amor siga en pecado,
sin realidad, entre los dos guardado
bajo la voluntad del corazón.

Hace falta apoyar en tu cordura
el legítimo ser de la locura
y la necesidad de la ilusión.

OTROS LIBROS PUBLICADOS EN LA COLECCIÓN ESPEJO DE PACIENCIA DE EDICIONES UNIVERSAL